センスのいい女は
安い服を
おしゃれに見せる
ワザを持っている

スタイリスト
為井真野
＋
GINGER編集部

はじめに

街のなかでも、ネットの世界でも、素敵な服や小物がお手頃なプライスで簡単に見つかる時代です。トレンドファッションは魅力的で、毎シーズン欲しいアイテムはいっぱい。ファストファッションのショップでのお買い物三昧なんて日もありますよね。

でも、ちょっと注意が必要です。選びや着こなしに気配りのないお手頃プライスのコーディネートは、あなたの印象を文字どおり〝安っぽく〟しているかもしれません！　こんな時代だからこそ、本当にコスパの高い服や小物を選ぶクールな目と、それをセンスよくコーディネートするテクニックがとても重要なのです。

ファッションはその人の印象を決める大きな要素です。街ですれちがった女性や友人に会ったとき、〝シンプルだけど、なんだかおしゃれ〟〝高級ブランドものではないのに、どことなく上品〟と、感じることはありませんか？　センスのいい女性は安い服でもおしゃれに見せるワザを持っているのです。

高価な洋服で着飾ること、イコール

おしゃれではありません。体型やバランスがきれいに見える着こなしをしたり、足りない雰囲気を補う小物をプラスするだけでおしゃれ印象は格段にアップします。気分も表情も明るくポジティブになれます。無理のないプライスの服を、楽しんで、くふうして、センスを光らせてみてください。きっと新しい自分に出会えるはずです！

MAYA+
GINGER
STYLING
BOOK

CONTENTS

センスのいい女は 安い服を おしゃれに見せる ワザを持っている

スタイリスト
為井真野
+
GINGER編集部

Part.2

Part.3

Part.5

安くても高見えな着こなしテクニック

ちょっとしたテクニックでいつもの服が段違いにおしゃれで高見えしてきます

Part.6 さりげないけどおしゃれな小物づかい

いつものシンプル服も小物づかいで一気に輝くのです

Part.7
コーデがパッとしないときのお助け服

Part.8

家着印象で安見えの危険性高し!!

本当は怖いカジュアル服。こう選んでこう着ます！ 142

パーカ …… 144
女っぽいきれいめアイテムと
ミックスすればおしゃれ感が出る！

ダメージデニム …… 145
シンプルで上質なものと合わせて。
靴もきちんと&きれいめに

スニーカー …… 146
ハズシのアイテムとしてスパイスづかいが基本。
フェミニンボトムスにプラス！

スウェット …… 147
ルーズにならないサイズ感のものを選んで、
きれいめアイテムをミックス

MAYA+
GINGER
STYLING
BOOK

MAYA+ GINGER STYLING BOOK

Part. 1

最初に
心に留めて
おきたいこと

どうやっても安く見えるものは、もう決して、安く買わないで

センスよくおしゃれで高見えするコーディネートを作っていく方法を解説する前に、まずは、いくら安くても買ってはいけないもののお話をしたいと思います。

そのアイテムたちは、一見とても魅力的で、かわいく映るかもしれません。だけどそれらは、〝モノ〟としてかわいいかもしれないけれど、〝大人の女性であるあなたが身につけるアイテム〟としては合格点ではない可能性も。リーズナブルなアイテムは、手に入れやすいだけに、「買おう！」と決断するハードルが低くなります。安い服をおしゃれに着こなすワザ、その第一歩は安さに惑わされないクールな心を持つことからはじまります。

安く買ってはいけない 1

明るく淡いパステルカラーの服

ジェリービーンやマカロンのような明るく淡いパステルカラー、見た目はかわいい色ですが、プチプラ服の場合、発色が人工的になって、深みやニュアンスが出づらいことも多いのです。しかもそんなパステルはベーシックカラーとなじませることが案外難しい。白と合わせるとぼやけて見えたり、黒と合わせると浮いてしまったり。きれい色を取り入れる場合は、ちょっとくすんだスモーキーパステル（ベージュがかったピンクやグレイッシュなブルー）がおすすめ。基本色とも合わせやすく大人っぽく上品にまとまります。

安く買ってはいけない 2

フリル、リボンなど甘いディテールのアイテム

「飾りやモチーフのついたアイテム」イコール「1枚でサマになるおしゃれなもの」という考えからは今すぐ卒業しましょう。フリルやリボンなどのデザインは縫製の細かいところが表に見えてくるので、プチプラ服の悪い部分が目立ちます。レースなども同様に注

意が必要です。フェミニンな印象をプラスするなら、シフォンやサテンなどの柔らかい素材や透け感、ほどよい光沢などで控えめにさりげなく加えて。子供っぽいかわいさよりも、女っぽいかっこよさを基準にしたおしゃれで印象アップしていきましょう。

安く買ってはいけない 3

2シーズン以上着るベーシックなコートやジャケット

コートは冬になると毎日必要なヘビロテアイテム。しかも、素材のレベルが目立つアイテムでもあります。さらに、アウターは体のラインに合った立体的なシルエットが重要。コスパ感優先よりも、少し背伸びする価格でもたいせつにお手入れしながら長く着られるもの、自分の体に合った美しいラインのものを妥協せず探すほうが賢い買い物です。

安く買ってはいけない 4

風合いが勝負のざっくりニットや毛足長めのニット

ニットは編み方や素材によって雰囲気がさまざまです。価格が安いものだとウールではなくアクリルを使ったものも多いのですが、最近は加工技術の進化で合繊混のものでも驚くほど完成度が高かったりします。ただ、気をつけたいのはケーブル編みなどざっくりとした編み目のニットや、シャギーなど毛足が長めの素材感を生かしたニット。風合いが重要になってくるニットは、素材の良し悪しが目立つので避けたほうが無難。

安く買ってはいけない 5

サイズの合っていない服

サイズの合わない服は、着てもどこかだらしなく、高見えとはほど遠い仕上がりに。頭に入れておきたいのは、サイズ表示は目安でしかないということ。ブランドによってサイズ感は違いますし、アイテムごとに自分の体に合わせるべきサイズもさまざまです。大きめサイズをゆったり着たほうがおしゃれなもの、小さめをコンパクトに着るとグッドバランスなものなどケースバイケース。どんな風に着ればバランスがよいのかというイメージと、そのブランドのサイズ感の特徴を頭に入れて、賢いサイズ選びを。

MAYA+ GINGER STYLING BOOK

Part. 2

ちょっとした着こなしワザでぐんと高見えできる実例

おしゃれコーデの
BEFORE⇒AFTER
変身SHOW

着こなしのワザを加えることでその人の印象がガラリと変わるという実例を紹介します。「シンプルでちょっと何か物足りないかも……」と思うようなコーディネートに、アイテムを加えたり、アイテムチェンジをすることで、おしゃれっぽさをプラスしました。センスのいい女性と思わせる印象作りで、コーディネートが高見えしてきます。

AFTER

腰巻きシャツでポイント！

BEFORE

シンプルすぎるかな？

鮮やかネイビーニットに白パンツという知的華やかなコーディネート。ウエストあたりが少しもたついて見えるので、チェックのシャツを腰に巻いてみます。トップス＆ボトムの分断された配色が馴染み、腰位置が高く見え、コーディネート全体に動きが出て、おしゃれ感がアップしました。

⇒86ページでも、このテクニックについて解説しています。

腰に巻いたシャツ、ニット／ともにYEVS　パンツ／GU　ハット／jewel　バングル／アビステ　バッグ／レガロ　パンプス／銀座ワシントン銀座本店

AFTER

スカートでアカ抜け!

BEFORE

地味め印象かも…

淡いグレーのシャツ＋濃いネイビーのひざ丈フレアースカートにボルドーのカラータイツでワザをプラスしたスタイル。クールでまとまっているのですが、もうひとさじ華やかさやアカ抜け感を出したいなら、思い切ってカラースカートにチェンジ。これならより、シャツや肩掛けカーデの色も映えますね。
⇒140ページでも、このテクニックについて解説しています。

スカート／イェッカ ヴェッカ　シャツ／GU　ニット／ユニバーサルランゲージ渋谷店　ブレス／アビステ　バッグ／レガロ　靴／カルメンサラス

AFTER

シャツ見せで立体感♥

BEFORE

もうひとワザ欲しい!

白ニットにグレーのタイトスカート、縦長アクセントを加えるためにロングネックレスを合わせたコーデ。知的で素敵だけど何か物足りない印象。もう少しメリハリをプラスするために、インナーにブルーのシャツを着て、えり元、袖口、すそからブルーをのそかせて。袖は少したくし上げると洗練度アップ。

⇒84ページでも、このテクニックについて解説しています。

シャツ／ViS　ニット／GU　スカート／アース ミュージック&エコロジー　ネックレス、バングル／ともにアビステ　バッグ／バルド ロゼ　ブーティ／カリーノ

AFTER

トレンチでいい女系

BEFORE

学生スタイル？

パーカ、ダウンベスト、スニーカー……流行のスポーツテイストを揃えたのに、ちょっとカジュアルすぎる印象に。アウターと靴をきちんと系アイテムにチェンジしたら一気にアカ抜けして大人っぽくなりました。スポーツアイテムは使い方次第で、安見えにも高見えにもなるので注意が必要ですね。

⇒144、146ページでも、このテクニックについて解説しています。

トレンチコート／ブリスポイント　パーカ／GU　カットソー／ブルー エ グリージオ　デニムパンツ／ViS　バッグ／レガロ　パンプス／ファウンテン ブルー

AFTER

メリハリついたね

BEFORE

そのまま着ただけ…

定番の白シャツにタックパンツ、今どきシンプルスタイルですがちょっと学生みたいで子どもっぽい印象。体のラインをきれいに見せるためにウエスト位置をはっきり見せます。ストールづかいやシャツのえりや袖口に表情をつけることで、ぐんとセンスよく。足首の見えるパンプスも効いてます。

⇒44ページでも、このテクニックについて解説しています。

シャツ／イェッカ ヴェッカ　パンツ／ロペピクニック　ストール／ユニクロ
パンプス／銀座ワシントン銀座本店

AFTER

かっこよさもプラス!

BEFORE

かわいいだけの印象?

ボーダーにチュールスカートで、シンプルななかにインパクトあるコーディネート。ただ、ロングカーディガンが少しもっさり印象かも。スカートとは対照的なレザータッチのライダーズジャケットにチェンジ。素材の違うものや、テイストの違うものをミックスさせると今っぽいおしゃれ感が生まれます。

⇒134ページでも、このテクニックについて解説しています。

ライダーズジャケット／ロペピクニック　ニット／ディ スティル　スカート／Happy急便　ネックレス／GU　ブーティ／銀座ワシントン銀座本店

MAYA+GINGER STYLING BOOK

Part. 2

AFTER

今どきの抜け感おしゃれ!

BEFORE

スキのない優等生風

カーディガンのボタンすべてを留めてプルオーバー風に着て、えり元からインナーのチェックシャツをチラ見せしたジーンズスタイル。もう少しかっこよくセンスアップするために、カーデを肩掛け、チェックシャツは鎖骨や手首を見せる着こなしで。ジーンズも少しロールアップ。ほら、大人高見え!

⇒64ページでも、このテクニックについて解説しています。

カーディガン/ViS　シャツ/アンデミュウ　パンツ/YEVS　ネックレス/アビステ　パンプス/カリーノ　ブレスレット、バッグ/ともにスタイリスト私物

MAYA+ GINGER STYLING BOOK

Part. 3

安いのに
おしゃれに
見える理由って？

安い服ミックスを高見えさせる決め手は〝立体感〟と〝シルエット〟

安い服を上手に取り入れて、品よくリッチにコーディネートしたい！　おしゃれ好きな女性なら誰でもそう思いますよね。その決め手になるのが、〝立体感〟と〝シルエット〟です。〝立体感〟は言い換えれば〝メリハリ〟のこと。色や質感の変化や、えりを立てたり袖を折り返すことで生まれる陰影、タイトな部分とゆったりした部分のバランスなどで、平板ではなく服を立体的に身につけるということ。〝シルエット〟はコーディネート全体で描く輪郭です。美しいシルエットを作れば、体型がきれいに見えるし、同時に服がグッと映えてきます。

高見えおしゃれの5大ルール 1

黒、白、グレー、ベージュ、ネイビーなどの基本色を全身に散らす

カットソー、スカート、ストール、バッグ、スニーカー／すべてジャングル ジャングル

ジャケット、ニット、レギパン、バッグ、エスパドリーユ／すべてPierrot

Part 3

華やかな印象作りのため、明るい目立つ色をコーディネートにたくさん取り入れる人がいます。けれど、着こなしよりも色ばかりが目立ってしまって、センスよく仕上げるのは結構難しいもの。

いつもの服で簡単におしゃれな雰囲気を漂わせるには、基本色をベースにすることがポイントです。基本色とは、黒、白、グレー、ベージュ、ネイビー、カーキといった抑えめな色。少し地味な印象の色たちですがおしゃれ印象を作るベースになります。3~4色くらいの基本色を、全身に散らすようにバランスよく取り入れてコーディネートしましょう。すると、グラデーションと陰影が生まれ、センスのよさが漂う〝ナチュラルな立体感〟を身にまとうことができます。ニット+光沢素材など質感にも変化を持たせれば、さらにおしゃれ感がアップ。基本色ベースだとさし色ともすんなりなじんでくれるので、きれいな色の小物をプラスしても、まとまりやすくおすすめです。

高見えおしゃれの5大ルール 2

手首・足首・首すじはきれいに見せて〝かっこいい女っぽさ〟を漂わせる

Part. 3

ファッションをおしゃれで上品に見せるには、〝女っぽさ〟を味方にすることがとてもたいせつです。メンズライクな服を着るときも、スポーティな服を着るときも、どこかに女っぽさをプラスするというミックス感で、そのコーディネートにセンスのよさが生まれます。ただし、ここで言う女っぽさとは〝媚びない、飾り立てない、かっこいい女っぽさ〟。おすすめの方法のひとつは、体の中の女っぽい部分をさりげなく目立たせることです。

なかでもいちばん効果的でおすすめなのは、手首、足首、首すじを見せる方法。この3つの首は、女性の体の中でも一番細くきゃしゃな部分。ここをアピールすることで、さりげなく女っぽさを漂わせることができます。鎖骨や手首、足首を見せる着こなしは、女っぽさと同時にシャープな印象も与えます。かっこよくて、かつ、おしゃれなイメージ作りには、手首、足首、首すじの美しさを際立たせる着こなしが抜群に効果的なのです。

高見えおしゃれの5大ルール 3

顔まわりに陰影を出す小顔着こなしで、遠目でも、近くでも、〝おしゃれな人〟

今どき美人の条件とも言える〝小顔〟。ランウェイを歩くモデルたちのように、確かに小顔だと洋服を着たスタイルもバランスよく見えます。

「えー！　もともとの顔の大きさは変えられない！」と思いますか？　いえいえ、大丈夫。着こなしで小顔印象を作りましょう。コツは、首まわりやえり元に立体感を作ること。立ち上がりの作れるシャツえりや、ストール、肩掛けカーデ、アクセサリーなど、いろんなアイテムで立体感は作れます。えりを少し立たせたり、ストールやカーディガンを肩にあしらって、立体感を作ってみてください。輪郭がシャープに、顔がすっきりと見えてきます。あごの下に少し空間を作ると陰影が強調されて美しく小顔見せができます。これは、人と近くで対面するときにも効果的。すっきりして立体感がある表情なら、近くで話す相手に美しくセンスのよい印象を与えることができます。遠目でも近くでも、センスのよさが伝わるおすすめのテクニックです。

高見えおしゃれの5大ルール 4

洋服を最大限美しく見せるシルエット、Xラインや Yラインを意識する

Xライン

ウエストをマークして、すそに向けて広がりのあるシルエット。カットソー、スカート、ネックレス、バッグ、サンダル／すべてジャングル ジャングル

Yライン

肩線にポイントを置き足元に向かって細くなる逆三角形イメージ。ワンピース、ネックレス、ストール、バッグ、スリッポン／すべてジャングル ジャングル

シンプルな服でも、安い服でも、雑誌などで活躍するプロのモデルが着るとなぜかおしゃれに見えます。この「なぜかおしゃれに見える」理由のひとつは、スタイルのよさ。ちょっと悲しくなってしまいますが、これは事実です。引き締まった体や長い脚や腕、そして歪みがなく均整のとれた骨格は、着用する洋服を素晴らしくきれいに見せてくれるのです。では、私たちが洋服をより美しく見せるためにできることって何でしょう?

答えは、服を着たときの〝シルエット作り〟です。コーディネートのシルエットで、洋服が映える体型を演出する方法があります。全身のシルエットをXラインやYラインに整えるのです。Xラインは、ウエストのくびれを強調するようなシルエット、Yラインは全体を足元に向かって細長いイメージに作るシルエット。このふたつのシルエットを意識すれば、引き締まった細長ボディの印象になり、コーディネートが「なぜかおしゃれに」見えてきます。

高見えおしゃれの5大ルール 5

上品華やかに高見えが可能！頼れる「白ボトムス」を賢く使う

デニムシャツ、サロペット、Tシャツ、スリッポン／すべてcontinental

プルオーバー、スカート、バッグ、エスパドリーユ／すべてジャングル ジャングル

安い服をクラスアップして見せたいとき、「白」という色は絶大な効果を発揮します。白い服のイメージは、〝輝き〟〝清潔〟〝純粋〟……。光の当たり具合で陰影も出ますし、どんな色とも相性がよくコーディネートしやすいのもポイント。誰からも好感を持たれ、誰もが似合う、本当に頼れる色が「白」です。

センスよく白を取り入れる賢い方法のひとつが、白いパンツやスカートなどボトムスで取り入れること。白のトップスは、着こなしによっては平板に見えたりベーシックになりすぎるときがあり、コーディネートにくふうが必要。それにくらべると白のボトムスは、いつもの基本色コーディネートに合わせるだけで、パッと華やかになり、洗練された雰囲気が漂います。選ぶポイントは、サイズ感。陰影や立体感が出るときれいに決まるので、パンツならピタピタすぎないシルエットのものを。また、チュールのような透ける素材やデニムのような表面感のあるものも、陰影を演出できるのでおすすめ。

MAYA+ GINGER STYLING BOOK

Part. 4

安くていいものを選んで、たくさんそろえたい基本の8大アイテム

まずは
おしゃれが広がる
基本アイテム

シンプルおしゃれ全盛の今、安い服を上手に取り入れてコーディネートしていくなら、基本アイテムとしてどんな服をそろえておけばいいのでしょう？　安いからといって何でも気軽に買っていてはセンスは磨けません。センスよく見える決め手になり、安い価格でもよいものが見つかりやすく、毎日の着回しや自分らしい着こなしのベースになってくれるアイテムを賢く選びましょう。基盤がしっかりできれば、そこからどんどんおしゃれの幅が広がります。スタイルのあるおしゃれを作るための8大アイテムを紹介します。

安くたくさんそろえたい8大アイテム 1

白シャツ

white shirt

きちんと感と輝きで高見えする着こなし無限大な基本トップス

シャツ／YEVS、カーディガン／ロペピクニック　9分丈パンツ／ユニクロ、バッグ／ザ・スーツカンパニー　靴／ファウンテン ブルー　アクセサリー／アビステ

Part. 4

無理のない価格で、たくさんそろえておきたいアイテムとして、まずおすすめしたいのは白シャツです。えりやボタンできちんとした印象のあるシャツは、大人っぽさと品のよさを加えてくれるアイテム。白シャツなら、どんなテイストの服ともなじみやすく、知的でクリーンな印象。白の輝きはカジュアルなアイテムのコーディネートを高見えさせますし、ニットのえり元や袖口から白を効かせ色としてのぞかせるだけで上質なアクセントに。１枚で着るときは、えり元の処理や開け具合、袖の折り返しなどのニュアンスづけでいろいろな雰囲気が出せ、着こなししだいでオールシーズン活躍。シンプルスタイルにおしゃれ感を出したいときも、安い服を高見えさせたいときも、本当に使えるアイテムなのです。汚れが目立つ色なので、定期的に買い替え&買い足しを。素材やシルエットの違いでさまざまなタイプがある白シャツ。次ページでそろえておきたい４タイプを紹介します。

持っておきたい白シャツ4タイプ

ボタンダウンシャツ

トラッドな雰囲気が出るシャツ。上のボタンまで留めてボーイズっぽく着こなすのがおすすめ。ボトムスやアウターに女らしさをミックスしておしゃれ上級者。シャツ／スタイリスト私物

レギュラーシャツ

メンズのワイシャツのようなベーシックなシャツ。重ね着を考慮して、ジャストフィットするサイズのものを。えり開きや立ち具合もチェック、首がきれいに見えるものを。シャツ／YEVS

とろみシャツ

光沢があってなめらかな素材の白シャツは、クリーンな女らしさが漂う。ブラウジングができる、ゆとりのあるシルエットを選ぶと着こなしが広がる。
シャツ／イェッカ ヴェッカ

オーバーシャツ

リラックス感のあるビッグサイズのシルエット。ボトムスにインしても、アウトにしても着られるタイプを選ぶと便利。裾がラウンドになっているものが使いやすい。シャツ／ロペピクニック

タイプ別白シャツの着こなしテク

（ボタンダウンタイプ）

ボーイズ印象を生かしてボタンは上まで留める着こなしできちんと着るのがおすすめです。

肩線がきちんと合っている、きれいなフィット感が出るサイズを選びます。

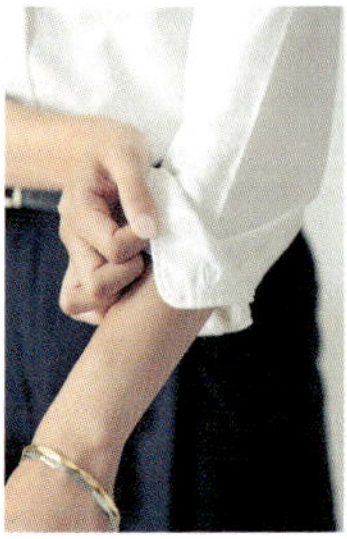

袖口は、折り返してまくったあと、カフスを手首側に少しだけ折り返して立体感を出します。シャツ／スタイリスト私物　パンツ／アンデミュウ　ベルト／ザ・スーツカンパニー　アクセサリー／アビステ

（レギュラーシャツタイプ）

タックインして着たときに上半身がコンパクトに整う適度なフィット感のものを選びます。

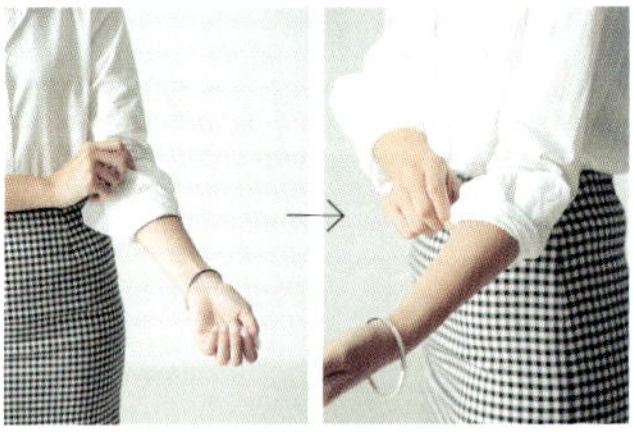

袖口は、まず深めに折って、さらにその半分の幅を重ねて折ると、こなれ感が出ます。

えりの立ち上がりが出る台えりつきをセレクト。背側は少しだけ立てるようにして。シャツ／YEVS　スカート／リトルシック　アクセサリー／アビステ

（とろみシャツタイプ）

デニムなどラフ素材と相性のいいエレガントな印象のシャツ。光沢や透け感があるものを。

すべりのよい素材なので、袖の折り返しはくるくるとロールアップする形で手首をチラ見せ。

選ぶときは、えり元を開けてみて、鎖骨や首すじがきれいに見えるかどうかをチェック。シャツ／イェッカヴェッカ　パンツ／ViS　ベルト／ザ・スーツカンパニー　時計／スタイリスト私物

（オーバーシャツタイプ）

リラックス感のあるシルエットが特徴のビッグシルエットのシャツ。女っぽさが際立ちます。

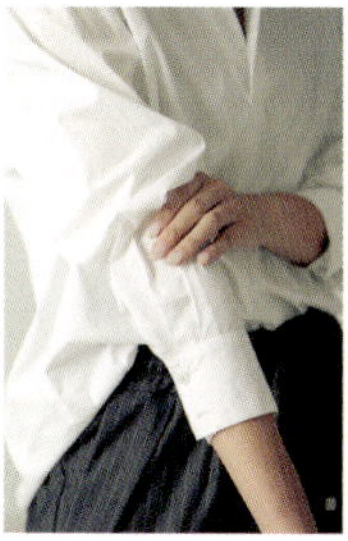

袖口のボタンは留めたままたくし上げて、手首を見せる着こなしがおすすめ。

前身頃はタックイン、後ろ身頃は少しだけアウトにして後ろ下がりな印象にするとかっこいい。シャツ／ロペピクニック　パンツ／アンデミュウ　アクセサリー／アビステ

とろみブラウス

安くたくさんそろえたい8大アイテム 2

着ていて楽で、コーディネートも簡単。楽してフェミニンできる流行トップス

feminine blouse

ブラウス、パンツ／ともにリトルシック　バッグ／レガロ　パンプス／ファウンテン ブルー　ストール、アクセサリー／ともにスタイリスト私物

やや光沢があり、しなやかでとろみのある素材のブラウスは、女性らしいきちんとした雰囲気を作ってくれます。特に、前開きデザインではなくかぶって着るタイプのプルオーバー型が最近人気で、お手頃価格でたくさん登場しています。注目アイテムのTブラウス（ブラウスの生地でTシャツのデザイン）もこのタイプ。

着こなしは、テイストミックスや異素材ミックスなどがおすすめ。テイストミックスするなら、ブラウスのフェミニン印象とは対照的なメンズライクなパンツを持ってきたり、ラフな印象のデニムを合わせたり。素材の違うアイテムとのコーディネートを楽しむなら、とろみ素材とは真逆の、毛足を感じるようなざっくりニットやファー、ツイードなどとの掛け合わせも素敵。リーズナブルなとろみブラウスも、ミックスコーディネートでリッチ印象に仕上がります。

とろみブラウスおすすめ4タイプ

ベージュの光沢タイプ

もともとツヤがある素材が多いとろみブラウス。特にベージュ系で上品な光沢がしっかり出るものを選べば、クラス感が漂い高見え効果抜群のコーディネートに。ブラウス／スタイリスト私物

白のワザありタイプ

合わせも簡単、ジャケットやカーディガンのインナーとして使えるのが白。プレーンすぎるデザインより、写真のようにに少しだけアクセントがあるものが幅広く着られる。ブラウス／リトルシック

スモーキーな大人パステル

基本色ボトムスとすんなりなじみ、パッと華やぐ印象を加えてくれるのが、大人っぽいパステルのとろみブラウス。シンプルデザインでスモーキーな色みを選んで。ブラウス／スタイリスト私物

黒のデザインタイプ

クールでモードな表情を作りたいときにお役立ちなのが黒。冠婚葬祭っぽい印象にならないよう、少しデザインが入っているタイプを選んで、地味派手テイストで。ブラウス／ViS

安くたくさんそろえたい8大アイテム 3

薄手リラックスニット

ゆるっとしたシルエットが今っぽい。着回し力、着やせ力も高めです！

relax knit

ニット、パンツ／ともにブリスポイント　腰に巻いたシャツ／GU、ハット／jewel　バッグ／ユニバーサルランゲージ 渋谷店　スニーカー／ウォッシュ二子玉川ライズ店　アクセサリー／アビステ

体が泳ぐようなゆったりしたシルエットの薄手ニットは、気になる体のボリュームを隠し、女性らしいラインはきれいに見せてくれるという優秀なアイテム。ブラウジングで丈の調整をしたり袖をたくし上げて雰囲気出しできるよう、すそや袖口はリブ仕立てになっているものが便利。またえり開きは少し広めのもののほうが、インナーやアクセ合わせがしやすくおすすめ。色はグレー、黒、ベージュ、ネイビーなど基本色はもちろん、深いブラウンやブルー、マスタードなど大人っぽい深みの出る色なども使えます。

インにシャツやタートルニットを合わせたり、ストールやスカーフなどの巻き物アレンジをしたり、薄手素材を生かして上からベルトをするなどと、トップス着回しバリエも豊富。丈調整が可能な素材感なのでパンツでもスカートでも柔軟にコーディネートOK。色違い、えり開き違いで何枚か持っておくと、毎日の着回しを力強く支えてくれます。

リラックスニット、こんなに着回せる！

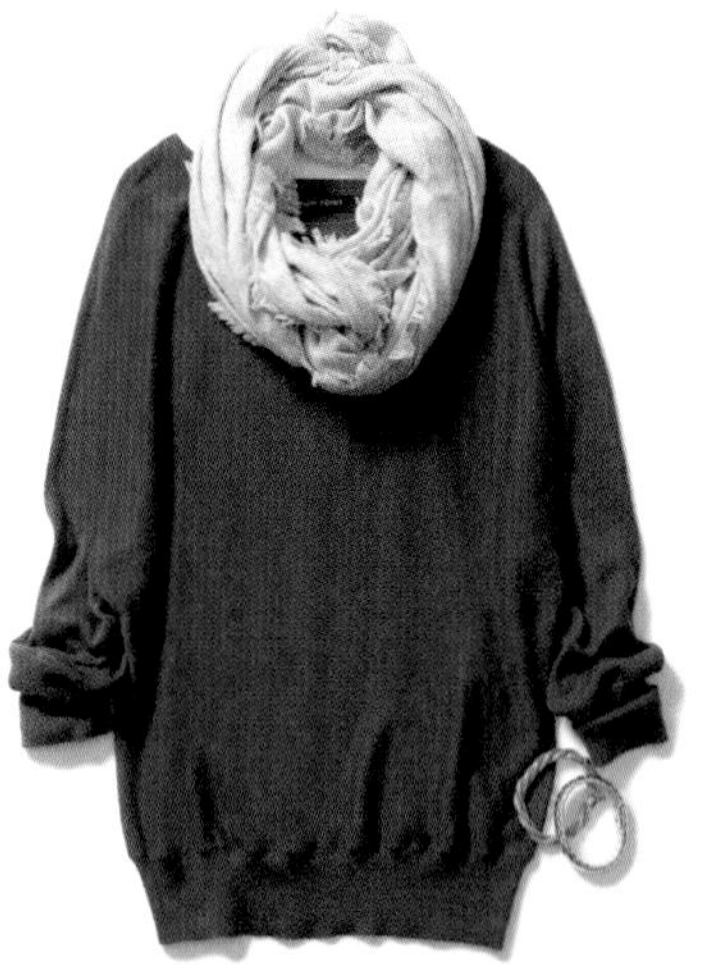

＋ストール

ニットと対照的な色のストールなら、視線を上に集めスタイル美人印象に。同系色のストールならタートル風のイメージに。ニットは着回し　ストール／ユニクロ　ブレスレット／アビステ

＋パールネックレス

えり開きが広く袖つけも大きいので、横広がりな印象になりがち。そこにパールのロングネックレスの縦長効果と高見え効果をプラス。ニット／ブリスポイント　ネックレス／アビステ

＋インナーシャツの3点見せ

ゆるっとしたシルエットだからシャツを合わせてもOK。えり、袖、すそからシャツをのぞかせてニットに立体感とメリハリを。ニットは着回し　シャツ／ViS　ブレスレット／アビステ

＋華やかアクセ＆バッグ

きちんと感と華やかさを加えるなら、モチーフのついたネックレスで。ニットがシンプルなのでアクセ合わせも幅広く可能。ニットは着回し　ネックレス／GU　バッグ／スタイリスト私物

安くたくさんそろえたい8大アイテム 4

9分丈タックパンツ

高見えのポイント、足首をきれいに見せてくれる楽ちんパンツ

ankle-length tuck pants

パンツ／アンデミュウ　シャツ／ロペピクニック　ベスト／YEVS　バッグ／レガロ、パンプス／メダ　バッグに巻いたスカーフ／ユニバーサルランゲージ 渋谷店　アクセサリー／アビステ

MAYA+GINGER STYLING BOOK

Part. 4

高見えコーディネートを作るポイントのひとつが、首すじ、手首、足首の3つの首をきれいに見せること。クラス感ある女っぽさが漂い、カジュアルなコーディネートであってもとても上品なイメージにまとまります。そんな3首演出に大活躍してくれるアイテムが9分丈のタックパンツ。タックをとってあるのでウエストやヒップまわりはややゆったりめ、足首にかけて細くなっているシルエットで、ちょうどくるぶしが見えるくらいの少しだけ短い丈のパンツ。最近はゴムウエストのものも多く、はいていて楽で、しかも体型カバー力も高め。おすすめの靴合わせは、甲が見えるデザインのポインテッドトウ(つま先のとがった)パンプス。パンツと靴の視覚効果で足首が最高にきれいに見えます。このアイテムもリーズナブルプライスでたくさん出ているので選ぶのに迷うほど。グレー、ネイビー、黒地のピンストライプなどが、合わせやすく、着やせ効果も高いのでおすすめです。

安くたくさんそろえたい8大アイテム 5

ひざ丈フレアースカート

知的で上品、大人のかわいさが漂う定番スカート

flared skirt

スカート／GU　ブラウス／ディ スティル　カーディガン／ブルーエ グリージオ　バッグ／バルド ロゼ　パンプス／ジージェイジー　ネックレス／アビステ

最近のスカートのトレンドは、ひざが隠れる丈のボリュームのあるタイプ。もはや大人の定番アイテムといってもよいでしょう。アイテム自体に大人のモード感があり、知的で上品なイメージ。〝流行をキャッチする感度のある知的な女性〟という印象を作ってくれます。タフタやグログランなどハリや光沢のある素材だとさらにクラス感が。スカートのボリューム感に対し、上半身をコンパクトにまとめるとバランスよく決まります。

　このタイプのスカートも、いろいろな種類を買いそろえておくと便利です。ベージュ、黒、グレー、ネイビーといった基本色はもちろんおすすめ。トップスや小物でアクセントをつけやすく着回しが効きます。また変化を楽しみたいときは、大人っぽいシックな色みのカラーやデニムのフレアースカートを取り入れてみるのも。明るいパステルや目立つ柄物は落ち着き感が出にくいので避けたほうがいいかもしれません。

フレアースカートの太って見えない着こなしは？

スカート／ジャングル
ジャングル　ニット／
Pierrot　ストール／M
yu　イヤリング、腕時
計／ともにアビステ
パンプス／RANDA

メリハリ配色＋締め色小物
スカートのボリューム感を抑えてくれる黒をセレクトして、トップスには明るい色を。色のメリハリで気になる下半身がキュッと締まって見えます。

目立つ柄シャツを利用して
ギンガムチェックなど存在感あるシャツをトップスに。えり元のアクセサリーと肩掛けカーデでさらに視線を上に集めます。視覚効果で下半身はスッキリ印象に。

スカート／REAL CUBE　カーディガン／ショップにこにこ　シャツ／Pierrot　ネックレス／アビステ　パンプス／salus *spice color cardigan*

さし色カーディガン

基本色コーデに効く明るいアクセント。肩掛けで小物っぽく使うのがおすすめ

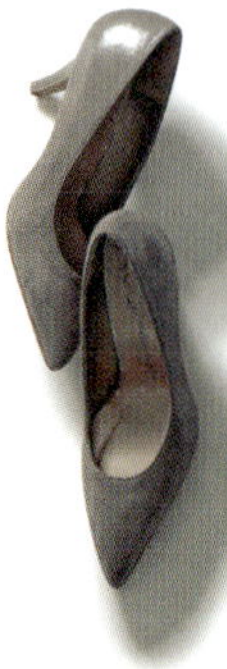

カーディガン／kormarch　ブラウス／ブリスポイント　スカート／アンデミュウ　バッグ／レガロ　パンプス／銀座ワシントン銀座本店　ネックレス／スタイリスト私物

カラーカーディガンがとても人気です。シャツやTシャツの上から重ねてというスタイルはもちろん、肩から掛けたり腰に巻いたりして着こなしのアクセントにしたり、前ボタンを全部とめて1枚でトップスとして着たり…とさまざまな着こなしができるのが魅力。しかもコットンやレーヨン、ポリエステルなどの素材であれば、オールシーズン使えてしまうという強い味方です。

肩掛けにする場合、小さい面積でさし色を効かせることになるので、赤やブルー、イエローなどのビビッドな色でも無理なくハマります。深いグリーンや煉瓦のようなオレンジ色なども大人っぽいアクセントに。肩掛けカーディガンのさし色は、顔まわりに目立つ色がくるので華やかな印象になりますし、視線も上に集まるので、視覚効果で全身がすっきり見えてきます。掛けたカーディガンの立体感でメリハリがつき、おしゃれっぽく仕上がります。

おすすめのカラーカーディガンはこの4色

イエロー

春夏はクリアなイエロー、秋冬はマスタードや山吹色に寄ったイエローがおすすめ。ヘルシーでカジュアルテイストのコーディネートに合います。カーディガン／スタイリスト私物

赤

グレーや黒といった基本色にマッチし、女性らしく華やかな印象。少し渋めの色みを選んで大人っぽく。青みの強いビビッドなピンクも意外と使いやすい。カーディガン／kormarch

ネイビー

知的な華やかさが漂う。少し明るめのネイビーか深みのあるブルーをセレクト。ネイビーは、肌の色に驚くほど透明感を与えてくれます。カーディガン／アース ミュージック&エコロジー

グリーン

濃いめのグリーンなら大人っぽいモード感が出ます。暖色系よりも落ち着きがあるので、オフィスにも。明るいグリーンやミントは、浮いてしまうことが。カーディガン／スタイリスト私物

安くたくさんそろえたい8大アイテム 7

スキニーデニム

skinny denim pants

素材はどんどん進化中、きれいな全身シルエットが作れます

デニムパンツ／ユニクロ　シャツ／ViS　ストール／STANZA DOLCE　バッグ／バルド ロゼ　パンプス／ジャングル ジャングル　ネックレス／アビステ　バングル／スタイリスト私物

最近はいろいろなシルエットのデニムパンツが出ています。そのなかで、比較的安い価格でよいものを買うことができるのが、ストレッチ素材のスキニーデニムです。ストレッチ素材も年々進化し、リーズナブルでも体にきれいにフィットするシルエットのものが多く、体型を問わずサイズ選びに失敗が少ないのです。下半身を究極にすっきり見せてくれるので楽にセンスのいいＹラインができますから、カジュアルなトップスやアウターも、洗練印象にまとまります。高見えするのはやや濃いめのブルーの色み。太ももの太さが気になるようなら、部分的に色落ちしているもので立体感を演出するとほっそり印象に。春夏は、足首の見える丈か少しロールアップする着こなしで軽さを出すコーディネートで。秋冬は、上からブーツやショートブーツをはいても着こなせるようなフルレングスで。手頃な価格で手に入るので、何タイプかそろえておくといいでしょう。

安くたくさんそろえたい8大アイテム 8

ボーダー柄の服

平板ななかにメリハリ効いたアクセント。なじみながらおしゃれ感を主張します

horizontal stripes

ボーダー、シャツ、パンツ、バッグ、サンダル／すべてジャングルジャングル

Part. 4

ボーダートップスを着ている人は季節を問わず、本当にたくさん。なぜみんなこんなにボーダーが好きなのでしょう？　その理由は「ボーダーが生み出す、あの立体感のせいでは？」と思います。ベーシックおしゃれのなかに、どこかセンスのよさを漂わせるには〝立体感〟が決め手です。平板でなく、シンプルだけどメリハリがある印象が重要です。ボーダーには、ベーシックでかつ立体的なおしゃれの印象があります。着こなしに、さりげなくアクセントや動きをつけてくれます。「何か物足りないな」と思うコーディネートにボーダーを足してみると、急にきちんと気を遣ったおしゃれに見えてくるときがあります。白Tシャツをボーダーにしてみる。グレーのタイトスカートを白黒ボーダーのタイトに替えてみる。このひとワザで全身が一気に生き生きと見えてきたりします。ボーダーのピッチ（幅）は太めのものだと膨張して見えるときがあるので、少し細め、1・5〜2センチくらいがベスト。

ボーダー柄に替えると
こんなにアカ抜け!

ボーダーカーデの肩掛け

白カーデの肩掛け

肩掛けカーデでアクセントをつけたつもりが、無地同士のコーディネートで平板な印象。ボーダーに変えると動きが出て、表情も明るく。ボーダーカーディガン、シャツワンピ／ともにViS　パンプス／カリーノ　アクセサリー／アビステ

ボーダー柄のタイトスカート

濃いグレーのタイトスカート

ボーダースカートで立体感と動きをプラス。細めピッチのものなら着やせ効果も。ボーダースカート／Pierrot　ロングカーディガン／YEVS　白のトップス／GU　パンプス／ルシェル ドール　ネックレス、バッグ／ともにスタイリスト私物

MAYA+ GINGER STYLING BOOK

Part. 5

安くても
高見えな
着こなしテクニック

ちょっとしたテクニックで
いつもの服が段違いに
おしゃれで高見えしてきます

この章では具体的な高見えおしゃれのテクニックについて説明していきます。コーディネート例も紹介していますので参考にしてください。

安い服ミックスのコーディネートがイマイチな印象になってしまう理由は実にさまざま。カジュアルすぎる、リラックス感が強い、シンプルすぎて味がない、子供っぽい、太って見えている、クセありアイテムの使いすぎ……などなど。こんな〝安見え〟をレスキューするテクニック、明日のコーディネートにどうぞ生かしてみてください。

安くても高見えな着こなしテクニック 1

シンプルすぎる着こなしを高見えモードにするストライプ柄ガウチョ

ガウチョパンツ、ネックレス、バッグ／すべてREAL CUBE　ニット／AquaGarage　パンプス／salus

黒ニットのモノトーン着こなしは、地味で暗い印象になってしまいがち。そこで、ピンストライプより少し太めのチョークストライプ柄のガウチョパンツをプラス。立体感と着やせ効果が出て、全身が一気におしゃれな雰囲気になります。トレンド感のあるガウチョなので、さらに洗練。これがグレーや黒の無地のパンツだったら…？　やはり少し地味で、おしゃれ感は低めになってしまいそうですよね。ストライプ柄ボトムスは無地と同じ感覚で取り入れやすく、モード感をしっかり足してくれる頼れるアイテムです。

さらに写真のコーディネートでは、上半身にロングネックレスで縦ラインを作り、顔まわりを華やかにすると同時にストライプの縦長効果とリンクさせ、着やせ効果が倍増。モノトーン系のストライプ柄ボトムスなら手持ち服とも合わせやすいので、着回し幅は想像以上。リーズナブルプライスで何タイプか買っておくと、基本色トップスの着こなしに大活躍してくれます。

安くても高見えな着こなしテクニック 2

黒パンツは、上半身に白ミックスで さりげなく軽さを加えていく

パンツ、パーカ、カットソー、バッグ、エスパドリーユ／すべてジャングル ジャングル

Part. 5

美脚効果が高いのでつい頼りがちな黒やネイビーなどの濃い色のパンツ。だけど、白シャツやきれい色のトップスとのメリハリがつきすぎた配色でキツい印象になってしまうことがありませんか？　黒やネイビーのパンツは、センスよく高見えするコーディネートが意外と難しいのです。

そんなとき活用したいのが、モノトーンのボーダーやチェック柄のトップス。濃いパンツになじみながら上半身を明るくしてくれるから、濃い色パンツが軽快な印象に。また明るい色で視線を上に集めるので、下半身がスリムに見える視覚効果でＹラインを印象づけ、センスよく仕上がります。さらに、黒と白の〝つなぎアイテム〟として淡いグレージュ（グレーとベージュの中間色）のパーカをプラスして、全身をまとめます。肉厚素材のパーカは黒パンツの重みともバランスよく決まり、フードのボリューム感で小顔効果も生まれます。

安くても高見えな着こなしテクニック 3

“3つの首”を小物でライトアップして華やかさと上品さをプラス！

スヌード／Pierrot　シャツ／atmos girls　デニムパンツ／coca　腕時計／アビステ　パンプス／ジャングルジャングル

首すじ、手首、足首の３つの首はきゃしゃで女っぽい部分。そこを強調することで、コーディネートに女らしい優雅さが加わり、上品な印象が生まれます。写真のコーディネートは、その３つの首に明るい色の小物を足して、ダークカラーのカジュアルなコーディネートを華やかイメージに仕上げた例です。

ベースになっているのは、カーキ色のシャツとジーンズ。どちらかというとマニッシュでカジュアル。そのままだと少しラフで〝高見え〟とはやや遠いイメージ。そこに、首元には立体感のあるニットのストールを、手首には時計を、足元には甲が見えるフェミニンなパンプスを足します。ストールは顔立ちを立体的に見せ、視線を上に上げる効果で全身を着やせさせます。時計はきゃしゃな手首を、パンプスは足首を強調し、女らしさがアップ。小物の色みは、ダークな服の色をライトアップさせるため明るいベージュをセレクトしています。

安くても高見えな着こなしテクニック 4

太って見えそうな淡色コーディネートには、3つの首まわりに引き締め色をチラ見せ

えり元のゆったりしたニットはインにシャツを効かせやすくて便利。シャープな柄のパンプスで足首も締まって見えます。

白やライトグレー、ベージュって、上品で高く見えそうでポイントが高いですよね。ただ、膨張色なので「太って見えるかも?」という不安も。

でも、そんな心配を吹き飛ばす着こなしアイデアがあります。女っぽさのポイントである手首、足首、首すじ付近に、引き締め効果のある濃い色のアクセントを配置していくのです。例えば、写真のようにネイビーカラーのシャツをえり元と手首にちらっとのぞかせ、足元は足首と足の甲を見せながら黒白ストライプのパンプスで仕上げ。ネイビーのシャツは女性らしい上品さとシャープな印象を兼ね備えているアイテム。えり元のボタンを開けて着れば顔まわりに陰影が生まれすっきり印象に。きゃしゃな部分がきゃしゃに見えていれば、膨張色を着ていてもスリムな印象がキープできるのです。ここでは、濃い色と淡い色をつなぐアイテムとしてシルバーのトートバッグを組み合わせて、全身イメージをまとめています。

安くても高見えな着こなしテクニック 5

確実に〝大人高見え〟できる ブルーシャツのスパイス効かせ

シャツ／スアドーナ　ニット、パンプス／ともにAquaGarage　パンツ／jewel　ハット／Re：EDIT

いつものニット+パンツのベーシックコーディネートを、大人っぽく、しかも高見えにランクアップさせたいときにおすすめなのがこのテクニック。淡いブルーのシャツを重ね着して、ニットの下からチラ見せするというワザです。シャツというアイテム自体、きちんとした印象のあるアイテム。しかも淡いブルーなら、知的で上品、凛としたイメージです。袖口からシャツをのぞかせてラフに折り返したり、少し立たせぎみにえりをのぞかせたり。手元や顔まわりに立体感が生まれ、表情も引き締まって見えます。

写真ではグレーのニットに合わせました。パンツもハットも、シャツのブルーと同系のネイビーにして全身をまとめます。ブルーシャツ効かせは、黒やベージュ、白などほかの基本色ニットとも好相性ですし、キャメルカラーやブラウンと合わせても素敵。少しだけ生真面目な印象になるので、靴やアクセサリーで女らしさを加えて。

安くても高見えな着こなしテクニック 6

チェックのシャツを使ってセンスよく高見えおしゃれする方法①

ロングネックレスで
縦長効果も

腰に巻いたチェックシャツ、ニット／ともにjewel　パンツ／Pierrot　ネックレス／アビステ　パンプス／kormarch　バングル／スタイリスト私物

Part. 5

おしゃれ感のポイントは立体感です。平板で間延びした印象ではなく、全身にバランスよくワザを配すること。チェック柄のシャツを使って簡単に実現できる方法を紹介します。

黒のゆったりめのニットにデニムのカジュアルなパンツ（写真で使用したのは、ウエストゴムですそがリブになっている、いわゆるジョグパンと呼ばれるリラックス系のパンツです）。このトップス＋ボトムスだとリラックス印象が強すぎて、おしゃれ度低め。そこに、チェック柄のシャツの登場です。ラフに腰に巻いて小物みたいにプラスしましょう。ヒップハングぎみに少しゆるめに巻くのがポイント。ダークカラーコーディネートにさりげなくウエストマーク効果が生まれます。そしてチェック柄の効果で、平板な印象のコーディネートにリズミカルなアクセントが。コーディネートになじむ色を選ぶと、さりげないアクセントになり、上品イメージにまとまります。

安くても高見えな着こなしテクニック 7

チェックのシャツを使って センスよく高見えおしゃれする方法②

チェックシャツ、ガウチョパンツ、ブーティ／すべてAquaGarage
中に着たニット／coca
ハット／and CUBE SUGAR　ネックレス／スタイリスト私物

前項に続いて、もうひとつ、チェック柄のシャツでおしゃれ感を出すテクニックを紹介。

写真のコーディネート、ベースは明るいネイビーのクルーネックニットに白いワイドめのガウチョパンツ。ニットの上からチェック柄のシャツを重ねます。えり元からインのニットをのぞかせて、ゆったりと着こなします。

無地＋無地の平板なコーディネートにおしゃれ感が加わり、しかも上半身が立体的に見え、脚長効果と全身すっきり効果も！　チェック柄は、ニットの色からひっぱってネイビー×ブラウンの大人っぽい配色のものを選んでいます。チェック柄のシャツ1枚で着るとカジュアル印象になりすぎる場合があるので、小物的に使ったり、インナーの上にレイヤードで使うのがおすすめ。またチェック柄のシャツのカジュアルさとバランスを取るために、ゴールドアクセやヒール靴など女らしい小物を足すのもポイント。

安くても高見えな着こなしテクニック 8

メリハリ配色のカジュアルコーデを上品にまとめる、ニットはおりマジック

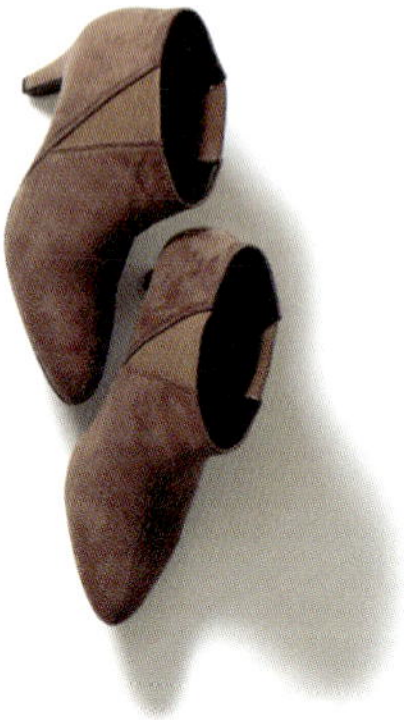

ロングニットカーディガン／ジャングル ジャングル　Tシャツ／coca　スカート／KiraKira Shop　ストール／STANZA DOLCE　ブーティ／salus

センスのいい女性のコーディネートには〝全体のまとまり感〟があるものです。トップスとボトムスがそれぞれに独立して主張しているのではなく、全体が調和して溶け合って、その人らしさを醸し出しています。

白×ダークカラー、黒×淡い色といったメリハリのある配色のトップス＆ボトムスのコーディネートのときは、それをうまくつないで、なじませてくれるアイテムを加えると、全身がひとまとまりになり、こなれた雰囲気を作ることができます。

そんな〝まとめアイテム〟として使いやすいのが、ベージュやグレーなど中間色のニットの長め丈のはおりもの。写真のコーディネートでは、白のトップスにカーキ系迷彩柄のスカートの上下に、ベージュのニットはおりをプラス。上下だけのコーディネートよりも、ぐっと大人っぽく高見え。迷彩柄のカジュアル感も、上品なベージュのニットの力で女性らしく落ち着きます。

安くても高見えな着こなしテクニック 9

スポーツテイストの高見え着こなしには〝エアリーな白服〟を！

きれいなブルーは高見え色

スカート、スウェット、ストール、リュック、レースアップシューズ／すべてジャングル ジャングル

MAYA+GINGER STYLING BOOK

Part. 5

スウェットトップスやパーカ、スニーカーやリュックなどスポーツテイストのアイテムが人気です。楽ちんだけど、気を抜いたコーディネートだと「家着ですか?」と思われる印象になってしまいがちなので注意。スポーツテイストのクリーンさはそのままに、センスよく着こなすにはどうすればいいでしょう?

ひとつの方法が〝エアリーな白服〟をミックスすること。シフォンや透け素材などの軽くて風に揺れるような素材の、白スカートや白シャツなどを合わせることで、スポーツテイストの魅力を壊すことなく、上品に大人っぽくまとまります。

使う色の数を抑えることもおすすめの方法です。写真のコーディネートではネイビーやブルーと白に絞った配色で上品高見え効果を実現しています。スウェットトップスの白抜きロゴやストール巻きで上半身にポイント作り。これならシンプル配色でも、おしゃれに見える立体感が生まれます。

スタイル美人で高見えする2大アイテム、〝コンパクトGジャン〟と〝チェック柄スキニー〟

安くても高見えな着こなしテクニック 10

Gジャン、チェック柄レギパン、中に着たニットベスト、パンプス／すべてPierrot　ブレスレット／スタイリスト私物

コンパクトなシルエットで濃い色みのＧジャンは着やせに威力を発揮するおすすめアイテム。取り入れ方のポイントは、Ｇジャンより少し長め丈のインナーを選んで、長いインナー＋短いアウターの丈バランスを作ること。このバランスで脚長印象が作れます。Ｇジャンのえりは少し立てぎみにするかストールなどをプラスして立体感を。トレンチコートと同じように袖は少したくし上げたり、折り返したり、もしくはインナーの袖を少しのぞかせたりして表情づけを。

　スタイル美人効果でおしゃれ感を出せるアイテムとしてもうひとつおすすめなのが、チェック柄のスキニーパンツ。メリハリの効いた配色、細かすぎないチェック柄、ストレッチ素材のものを選べば、脚のボリューム感をカムフラージュしてまっすぐできれいな脚印象を作ってくれます。ポインテッドトゥのパンプスで仕上げれば美脚効果がさらに強まります。

安くても高見えな着こなしテクニック 11

「パーティー用？」と思わせる遊び服をデイリーコーディネートにする方法

クラッチでかっこいいエッセンス

パーカ、コンビネゾン、ネックレス、バッグ、パンプス／すべてPierrot

ちょっとドレッシーな雰囲気の〝なんとなくパーティー服〟も、組み合わせしだいでデイリーに使える高見えコーディネートに活用できます。ポイントは〝ドレスダウンすること〟。写真の着こなしでは、ドレッシーなコンビネゾンにカジュアルなパーカを合わせドレスダウン。足元は、黒とグレーの配色をつなぐチェック柄の布貼りのパンプス。ＴＰＯによって、スニーカーでもメンズライクなひも靴でもかっこいいと思います。

フォーマルとカジュアルの思い切ったミックスが、おしゃれな雰囲気を醸し出し、センスよく高見えさせることができます。例えば、サテンなど光沢のあるワンピースはざっくりした質感のニットのはおりものでカジュアルダウン。シフォンなど透け感のあるワンピースならＧジャンやライダーズを合わせて。光沢素材の服にはツヤのない素材のアウターを、透ける素材の服にはハリ感のあるハードめな素材を。質感が真逆なアウターを選ぶのがコツ。

安くても高見えな着こなしテクニック 12

お手頃価格のとろみ素材トレンチは雰囲気出しの天才アイテム

トレンチコート、中に着た長袖Tシャツ、スカート、バッグ、サンダル／すべてjewel

Part. 5

辛口でかっこいい女っぽさを演出できるトレンチコート。目のつまったギャバジンやウールなど、一般的なトレンチも素敵ですが、ソフトで軽い〝とろみ素材〟のトレンチはビギナーにもおすすめの使えるアイテムです。薄手でなめらかで少しだけ光沢を感じるようなとろみ素材は、扱いやすさが魅力。重ね着してもボリュームが出すぎず、袖口をまくったりベルトをキュッと締めたりしても、トレンチほどかっちりした印象にならず、柔らかくフェミニンなイメージが作れます。定番トレンチほどシルエットやディテール重視のアイテムではないので、安いプライスで優秀なものを探してみるといいでしょう。

カジュアルなコーディネートでも、このとろみトレンチをはおることで大人のセンスのよさが光ります。写真のコーディネートでは、基本色をベースにTシャツのロゴと迷彩柄で変化をつけています。こうすると、淡い色のアウターでも着太り印象になりません。

安くても高見えな着こなしテクニック 13

基本色のツインニットがあれば、クセありアイテムもさりげなくおしゃれに

格子柄も
上品にまとまる

カーディガン、中に着た半袖ニット、パンツ、バッグ、エスパドリーユ／すべてPierrot

基本色ばかり着ていると、色や柄でアクセントをつけた着こなしも楽しみたくなります。そんなときのベース服としておすすめなのが、基本色のツインニット（半袖のクルーネックニット＋同色のカーディガンが基本）です。

ツインニットというアイテム自体、上品できちんと感があります。多少遊び心のあるコーディネートであっても、基本色ツインニットがあれば品よく高見えに仕上がるのです。どんなアイテムも〝育ちがいい〟系テイストにまとめてくれる頼れるトップス。コスパ度の高いツインニットを基本色で各色そろえておけば、いろんなシーンで大活躍。インナーのニットを1枚で着たり、カーデを肩掛けしたり腰に巻いたり、いろいろな着回しが楽しめます。

ツインニットを選ぶときに注意したいのが、サイズ感。ややコンパクトでほどよく体にフィットしたものを選ぶこと。丈は腰骨にかかるくらいの長さが目安。大きめサイズだと野暮ったい印象になるので注意！

安くても高見えな着こなしテクニック 14

インパクトのあるボーダートップスは着回しに困った日の救世主

ボーダーニット／Pierrot　パンツ／RAZIEL　ピアス、ブレスレット／ともにアビステ　パンプス／ジャングル ジャングル

シンプルすぎるコーディネートは平板になってしまって、おしゃれっぽく見えない…。わかっていても、アレンジアイデアやおしゃれ見えのワザが浮かばない日もありますよね。重ね着テクニックも小物アレンジも、いいアイデアが浮かばない、そんな日に頼れるのが、少し印象強めなインパクトのあるボーダートップス。ネイビー×白、黒×ベージュのような基本色でありながら、少し太めのボーダーだったり、ボーダーの入り方がイレギュラーだったり。いつも着ている細めピッチのボーダートップスとは雰囲気が違い、1枚で主役を張れるモードな存在感。こんなトップスが1枚あると着回し手詰まりな日に大助かりです。

　ボトムスの色を選ばないうえ、アクセサリーや小物ワザをプラスしなくてもサマになるインパクトがあります。シンプルコーデで簡単にセンスのよさをアピールしちゃいましょう。

安くても高見えな着こなしテクニック 15

高見えコーデを作る3種の神小物、ハット＋ミニバッグ＋エナメルパンプス

ハット／NETSTAR　バッグ／Pierrot　パンプス／salus　トップス／ショップにこにこ　デニムパンツ／coca　3連ネックレス／コラージュ

MAYA＋GINGER STYLING BOOK

Part. 5

どんなシンプル服も、小物づかいによっていくつもの表情が出せますし、安い服で組んだコーディネートでも小物づかいによってセンスよく高見えさせることが可能です。今流行のシンプル＆カジュアルコーディネートに役立つ小物合わせのひとつが、ツバが広めのハット＋ミニバッグ＋エナメルパンプスの３つの小物の組み合わせ。最近バリエーション豊かに登場しているハットは、おしゃれな雰囲気を作ってくれる優秀小物。かぶり慣れてない人も、何個も試着して、自分に似合う基本色のハットをひとつ持っておくと驚くほど活躍してくれます。シンプルでカジュアルなトップスもこの小道具ひとつでセンスよく見えてきます。存在感のあるハットを取り入れたら、バッグは小さめなものを。ポシェットやショルダーなどがおすすめ。少しかっちりしたデザインで大人っぽく。仕上げはエナメルのパンプス。光沢が大人っぽいクラス感を加えてくれます。

MAYA+
GINGER
STYLING
BOOK

Part. 6

いつものシンプル服も小物づかいで一気に輝くのです

さりげないけど
圧倒的におしゃれな
小物づかい

ファストファッションの服で固めた安上がりなコーディネートも、シンプルでベーシックなアイテムだけで作るコーディネートも、小物の力でパッと高見えすることがあります。逆に言うと小物づかいに手を抜けば、いくら高い服も物足りなくなってしまうということです。小物づかいは、〝おしゃれの手間をかけている印象〟を作ります。全身におしゃれ意識が行き届いている女性はとてもセンスよく見えるものです。難しいテクニックではなく、シンプルだけど効果的で、いろいろなコーディネートに使える小物づかいを紹介します。

さりげなく輝きをちりばめる、きゃしゃゴールドの重ねづけ

きゃしゃなゴールドは肌なじみがよく、さりげないポイントになります。特に他人の目に留まりやすい手元は、ブレスレットやリングなどを重ねづけすることで、動きに合わせて光を受けて輝き、おしゃれ感を添えてくれます。リングだと最近の注目は関節にはめるファランジリングや小指につけるピンキーリング。きゃしゃでなじみやすいリングを揃えて、いろいろな重ねづけにトライしてみましょう。

ネックレスは長さ違いの重ねづけを。体の動きに合わせて揺れることでコーディネート全体に輝きとアクセントをつけてくれます。縦ラインもできる

から着やせ効果も。クリアなダイヤモンドやクリスタルなどが控えめにあしらわれているタイプも輝きが増してよりきれいに見えるのでおすすめです。

gold accessories

ブレスレット、<中>ネックレス、<右>ネックレス／すべてアビステ

脱力カジュアルを底上げしてくれる、パールのロングネックレス

フォーマルでも使用されるように、パールは上品で華やかなアイテム。特に使いやすいのはネックレス。Tシャツやニット、ボーダートップスなどを使ったカジュアルなファッションも、ネックレス1点投入でコーディネートが格上げできます。ダークカラーで地味かな、と思うコーディネートも、パールを加えることで全身の印象が違ってきます。おすすめなのは、1連で使えるロングタイプのネックレスです。長さは90センチくらいのもの(みぞおちとウエストの間に収まる長さ)が使いやすいでしょう。パールの粒は大きすぎないものので。首元にアクセントを持ってきたいときには二重にして、ショートの2

連ネックレスとしても活用できます。パールの白と上品な輝きは、小さい面積ではあっても存在感たっぷり。顔まわりを華やかに明るく見せてくれます。

パールロングネックレス／アビステ

肌色をトーンアップして美人に見せる、コスメカラーのストール

ストールは巻くことによってできる布地の立体感や陰影の効果で、全身のおしゃれ感をアップしてくれます。しかもその陰影のおかげでフェイスラインがシャープに見えるという優秀小物。顔のすぐそばにくる小物なので、その人の第一印象を決めるアイテムでもあります。

ですから、顔まわりを華やかで上品に見せるなら肌色をきれいに見せてくれる色選びがたいせつ！　ベースメイクの下地のように足りない色みや肌の色を補正してくれる色をプラスしましょう。例えばピンク系の色で顔色を明るく血色よく見せてくれるもの。サーモンピンクのようにオレンジがかった

ピンクは落ち着きのある上品な印象に。また、透明感のある肌を演出してくれる淡いブルーもおすすめ。

color stole

＜左＞フリンジ付ストール／STANZA DOLCE　＜右＞ストール／ザ・スーツカンパニー

抜け感を出して今の気分のスタイルにしてくれる、シンプルデザインのハット

最近は年代問わずシンプルおしゃれが人気。そこに、ちょっとした着こなしワザを加えるのがおしゃれの腕の見せどころ。その〝ちょっとしたワザ〟を簡単に取り入れることができるのがハットです。ツバの広めなものを選ぶと女性らしさもあって小顔印象に。リラックス感のあるスタイリングやカジュアルなコーディネートのハズしアイテムとしてプラスしましょう。きちんと系のジャケット＋パンツ、といったマニッシュなコーディネートに合わせると、決まりすぎなスタイリングになってしまうかも。ハットは頭の形や顔の輪郭によって、似合うものが微妙に違います。まずは種類の揃っている帽子売り

場でいくつかかぶって比べてみて。ショップの方にアドバイスを受けることも忘れずに。自分に合っている型がわかれば次から選びやすくなります。

ツバ広中折れハット／jewel

出がけにサッとプラスできる目立ち色バッグで、おしゃれ印象がアップ

基本色がメインのシンプルコーディネートは、さっぱりとした印象になりがち。もしも洋服で色をプラスするのが難しいときは、バッグで色を加えてみてください。足元にさし色を持ってくるのも素敵ですが、ポイントが下に下がる分、バランスを取るのが難しいことも。その点バッグは全身の中心にくるのでバランスが取りやすく、持つだけでなんとなくサマになります。色が目立つので、サイズは小さめがおすすめ。使いやすくなじみやすいのは、ちょっと落ち着いた赤。基本色と合いやすく、さりげなく上品なアクセントになります。ほかにも、黒やグレーの服との相性がよいブルーや、白やベー

spice color bag

巾着ショルダーバッグ／ザ・スーツカンパニー

ジュの服と合うイエロー、深いグリーンなども便利。全身のコーディネートを決めたあとでも、出がけにサッとプラスできるのも助かります。

いろんなコーディネートに モード感プラスが可能なシルバーの靴&バッグ

コーディネートがなんとなく野暮ったいなぁと思うときってありますよね。緊張感が足りなくて、「コンビニに行くの?」って思われそうな印象になっていたり。そんなコーディネートにはクールでかっこいいニュアンスやモードっぽさをプラスしましょう。使えるのは、シルバーの靴やバッグです。シルバーは洋服の色を選ばないので、ちょっとしたスパイスとして取り入れやすいアイテムです。淡い配色のコーディネートでは引き締め役に、重い配色のコーディネートでは抜け感をプラスしてくれたりと、さまざまな表情に。ちょっとマットなものや、さりげない光沢感のものだと、ギラギラせずに上品にまとまります。素材はソフトレザー、型押しレザー、箔プリントなど素材感のあるもので。あくまでもハードにせずに柔らかい印象に仕上げましょう。

silver shoes & bag

クラッチバッグ／バルド ロゼ　パンプス／銀座ワシントン銀座本店

美脚&おしゃれ養成シューズ、黒エナメルのポインテッドトウパンプス

シンプル服コーディネートに合わせやすく、きれいにまとめてくれる出番の多い靴って、どんな靴でしょう？　おすすめしたいのは、黒エナメルのポインテッドトウパンプス（つま先がとがっているパンプス）です。ヒールのあるタイプはもちろん、フラットシューズであっても美脚効果は高め。つま先の細い靴は足先まですっきり伸びて見えるので脚長効果があります。エナメルのツヤ感は、黒だけど重くならないライトな印象で、しかもリッチな雰囲気をプラス。高見え効果もあるのです。タイツを合わせても相性抜群。光沢により足先に抜け感が出てバランスよく仕上がります。選ぶ際は履き口のカ

ツティングもチェックして。サイドや甲が浅めになっているものは肌の見える面積が広くなるのでよりすっきり女性らしく見えます。

patent leather pumps

エナメルパンプス／メダ

女らしいスカートやパンツとのミックスで使う白レザーのスニーカー

　スニーカー人気の盛り上がりは勢いを増すばかりですが、合わせ方しだいで、実は野暮ったくなってしまうアイテムでもあります。シンプルコーディネートに使いやすく、上品な大人カジュアルに仕上げてくれる後悔ナシのスニーカーとしておすすめなのは、白レザーのレースアップスニーカーです。レザーできちんと感はありつつ、スポーティさはそのままキープ。白を選ぶことで軽快な抜け感もプラスできます。スニーカーに、同じテイストのスポーティなボトムスを合わせると、上品さが足りず、安見えしてしまうこともあるので注意。スニーカーには、逆テイストのきれいめなパンツやスカートで女性らしさをミックスさせるとおしゃれ感が出て上品に仕上がります。パンツの場合は、すそをロールアップして足首を見せるとすっきり高見え。

white leather sneakers

レザースニーカー／ウォッシュ 二子玉川ライズ店

Part. 7

コーデが
パッとしないときの
お助けスパイス服

安いのに、センスが光るお助けアイテムで「おしゃれっぽい」を5秒で作る！

シンプルなアイテムを組み合わせて、くふうして、高見えするコーディネートにしていくのはとても楽しいことです。でも、ときどき着こなしアイデアが手詰まりになってしまったり、着回しがマンネリになったりすることって、ありますよね。そんなときは、一気にアカ抜けしたり、トレンド感をプラスできるスパイスアイテムを投入してみましょう！　リーズナブルプライスで豊富にそろうアイテムのなかから、誰もが取り入れやすいスパイス服を8アイテム紹介します。各アイテムの効果を理解すれば、センスよくコーディネートできるはず。

安いのにセンスよく見えるアイテム 1

おしゃれ慣れしてる印象を作りたい！

⇓

デニムシャツ

デニムシャツ、スカート、ブレスレット、バッグ、ブーティ／すべてcontinental

MAYA+
GINGER
STYLING
BOOK

Part. 7

おしゃれっぽく見せる決め手は〝立体感〟です。織りの質感やイレギュラーな色落ち具合で微妙な陰影が出るデニム素材は、おしゃれに見えやすい素材と言えます。トップスでデニムを楽しめるデニムシャツは、着るだけで雰囲気の出る優秀アイテム。コットンブロードの無地シャツではなかなか出せない風合いが、〝おしゃれに慣れている人〟のイメージを作ってくれます。カジュアルな服に合わせるのはもちろん、コンサバな服にカジュアル感をミックスしたいときにも幅広く活躍してくれます。ラフな素材なので、3つの首見せや顔まわりのアクセサリーなどで女っぽさをプラスして。しっかりした素材感なので、えりの立ち上がりや袖の折り返しもきれいに決まります。

安いのにセンスよく見えるアイテム 2

体型カバーとおしゃれを両方GET!

⇓

レイヤード風ニット

ジャストウエスト丈のニットのすそに、インナーのブラウスを見せているような重ね着風デザイン。ウエスト位置が高く見え、おなかまわりもカバーしてくれます。

最近本当にたくさん登場しているのがレイヤード風ニット。下にシャツなどのインナーを重ね着しているかのように、別布で長めのすそがつけられたニットトップスです。丈の長いものの上に丈の短いものを重ねるレイヤードが大流行の今、1枚着るだけでレイヤードスタイルになるアイテムはとても便利！　しかも、体型カバー力も高めです。ふつうロングトップスは重心が下がり、ヒップやウエストが低い位置に見え、全身バランスが悪くなってしまいます。でもこのトップスは、丈が長くてもウエスト位置はしっかり高めに印象づけ、全体バランスを崩しません。気になるお腹まわりやヒップまわりはレイヤード風のすそがさりげなく隠してくれます。

安いのにセンスよく見えるアイテム 3

立体感でこなれたおしゃれが完成

⇓

ダウンベスト

ダウンベスト、Tシャツ、スカート、スニーカー／すべて
ジャングル ジャングル　バングル／スタイリスト私物

Part. 7

このところ秋冬になると必ず店頭に並ぶダウンベスト。皆さんはもう活用していますか？　もしまだならぜひ取り入れてみてください！　必ずセンスアップできますよ。ポイントはダウンベストならではの立体感。しかもベストなのでほどほどのボリューム。平板になりがちなカットソーや薄手ニットにおしゃれ感を加えてくれます。ダウンの立体感は、小顔効果と下半身をすっきり見せる効果もあります。おしゃれに着るコツは、体にフィットするサイズ（大きすぎないことがたいせつ！）をチョイスすること。右の写真にようにTシャツに重ねたり、長袖の薄手ニットやボーダートップスに合わせたり。チェック柄のネルのシャツにベストを重ねてスキニーデニムを合わせても素敵です。

安いのにセンスよく見えるアイテム 4

普通すぎるイメージをかっこいい系に

⇓

ピンストライプパンツ

スウェット風デザインのトップスを、きちんとした表情にしてくれるピンストライプのパンツ。こんなパンツなら、足元はスニーカーでもOKです。

MAYA+GINGER STYLING BOOK

Part. 7

カジュアルアイテムだけのコーディネートは、安見え印象になる危険度が高めです。スウェットトップス＋ジーンズ＋スニーカー、ボリュームニット＋ベージュのチノパン、パーカ＋スウェットパンツのスタイルなど、カジュアルアイテム同士のコーディネートはなかなかアカ抜けが難しいもの。そんな悩みを解決してくれるのが、ピンストライプのパンツです。もともとメンズのスーツなどに使われる極細のストライプ柄。きちんとした上品印象がある柄です。ゴムウエストやストレッチ素材などはきやすいデザインがたくさん出ているので、ぜひ活用してみて。いつものスウェットやパーカ、スニーカーに合わせるだけで、きちんと感がミックスされセンスよく仕上がります。

安いのにセンスよく見えるアイテム 5

媚びないフェミニンを作る!

⇓

地味色チュールスカート

チュールスカート、パーカ、中に着たTシャツ、ピアス、
バッグ、サンダル／すべてPierrot

Part. 7

チュールスカートが大流行していますね。「甘すぎるアイテムは安くても買ってはダメ！」とこの本の冒頭でお話ししましたが、このチュールスカートは、正しく選べば素敵な辛口フェミニンに。写真のようなグレーや、黒、ネイビーなどの抑えめの基本色を選びましょう。丈は少し長め、広がり感が少ないもののほうが大人に似合います。色も丈も辛口方向で選ぶのがコツです。コーディネートは、ガーリーとは真逆のスポーティなもの、メンズライクなもの、ラフな雰囲気なものとミックスさせて。写真のようにパーカに合わせるほか、スウェットトップス、シャツ＋ニットベストのトラッドなトップスコーディネート、ライダーズジャケット、Ｇジャンなどにも合います。

安いのにセンスよく見えるアイテム 6

シャープな印象とモード感を身につけたい

⇓

大人柄パンツ

白地に黒い花柄のパンツは、黒の分量が多く、無地感覚で着られます。着回し手づまりなときにも活躍してくれるお助けアイテム。

無地の服同士のコーディネートは着こなしのくふうがないと平板な印象になってしまうことがあり、おしゃれ感が薄く、安見えしてしまうことも。でも、小物づかいや重ね着テクニックなど、いろいろ考えるのが面倒臭いなぁと思うときも正直ありますよね。そんなときに、平板な印象を解消してモード感をプラスしてくれるのが柄のパンツ。着こなしが難しそうですが、なじみやすい柄を選べば大丈夫。色は、写真のような黒、白、グレーのモノトーン系が一番使いやすいでしょう。大きすぎる柄は合わせにくいので、無地の感覚で着こなせる小さめの柄がおすすめです。いつもは黒や白のパンツを合わせるところに柄パンツを投入！　一気におしゃれっぽくなりますよ。

安いのにセンスよく見えるアイテム 7

誰にでも似合う完璧トレンドアイテム

⇓

定番色ガウチョ

ガウチョパンツ、トレンチコート、プルオーバー、ネックレス、バッグ、パンプス／すべてPierrot

MAYA+GINGER STYLING BOOK

Part. 7

２０１５年の春に大ヒットして、引き続き大注目のアイテム、ガウチョパンツ。キュロットのようなはきやすさと、アクティブ＆フェミニンのいいとこ取りのイメージ、そして意外にも体型カバー効果も高いところなど、たくさんの魅力にあふれた新顔アイテムです。旬の雰囲気があるのでシンプル服に合わせるだけでトレンド感が出ますし、基本色なら大人っぽく着回し幅も広め。色違い、太さ違いで、リーズナブルなものを何本かそろえておくのがおすすめ。ゴムウエストではきやすいものや、スカート印象に近い太めのガウチョなどバリエーションもますます広がっています。着こなしのポイントは、ウエスト位置は隠さないこと、足元はロングブーツは避けること。

安いのにセンスよく見えるアイテム 8

さりげなく、華やかさを出したい!

⇓

カラースカート

白、黒、ベージュの基本色コーディネートに華やかな赤のスカートを投入。シンプルなデザイン、落ち着きのあるひざ丈〜ひざ下丈を選んで大人っぽく仕上げたい。

Part. 7

華やかなイメージを作りたいとき、トップスに明るい色を持ってくる人がいます。顔まわりが華やかに見えてよい方法だと思いますが、実は、スカートに目立つ色を持ってくるほうがおしゃれっぽく見えるのです。最近のおしゃれの傾向は〝エフォートレス〟。肩の力の抜けた、気張らないおしゃれが今の気分。トップスで目立ち色という、〝いかにも〟な配色より、スカートで目立つというさりげなさのほうがセンスがいい印象。トップスや小物の色数を抑えれば着こなしは簡単。ひざ丈もしくはひざ下丈のフレアースカートが合わせやすいでしょう。リーズナブルなプライスでたくさんの色が登場しています。大人におすすめな色は、赤、グリーン、鮮やかなブルー、マスタードなど。

MAYA+
GINGER
STYLING
BOOK

Part. 8

本当は怖いカジュアル服。センスのいい女性はこう選んでこう着ます！

家着印象で
安見えの危険性高し！

つい〝なんとなく〟着てしまう、パーカやスウェットなどのベーシックなカジュアルアイテム。着ていて楽だから気分的にもゆるんで、気付かぬうちに〝部屋着ですか？〟と思われるようなコーディネートになってしまうことが多いのでご注意を！　スポーツテイストやワークテイストから出てきたアイテムが多いので、きちんとした印象になりづらいアイテムなのです。選びや着こなしに気を配って、大人っぽく、センスよく高見えおしゃれを目指しましょう。きちんとアイテムや女っぽいアイテムとミックスしていくのが基本です。

パーカ

◇◇◇

女っぽいきれいめアイテムとミックスすればおしゃれ感が出る！

楽ちんで、気軽に着られて、流行のスポーツテイストを取り入れられるパーカ。そのせいか油断して着てる人が意外と多いのです！　例えば、パーカ＋ジーンズ。この組み合わせって、いい加減に着てしまうと〝おしゃれ感ゼロ〟になってしまうから気をつけて。カジュアル高めアイテム同士のコーディネートは、おしゃれのくふうがないと「家着」っぽくなってしまう可能性があるのです。パーカを着る場合、例えばボトムスをフレアースカートにすれば華やかさが増して〝センスのいい女性〟なイメージ。パンツを合わせるときは足元をきれいなパンプスにしてきちんと感をアップ。ジーンズスタイルなら、トレンチやジャケットをパーカの上から重ねてみて。カジュアルスパイスとしてパーカがおしゃれパワーを発揮します。

ダメージデニム

◇◇◇

シンプルで上質なものと合わせて。靴もきちんと＆きれいめに

色落ちやキズがつくような加工がしてあるダメージデニムは上手に着こなせばものすごくかっこいい！　けれど大人の女性が着るには少しカジュアルなイメージが強すぎて、品がなくなったり子供っぽくなってしまったりすることも。着こなすコツは、デニム以外のアイテムは上品シンプルにまとめること。プレーンな仕立ての定番シャツやハイゲージで少しツヤがあるようなニットなどを合わせるとすっきりとしたイメージに。上質素材のものを選ぶとバランスが取りやすいですよ。ダメージデニムのシルエットはゆるっとしているものが多いので、下半身全体がだらしなくならないように靴合わせにも気遣いを。パンプスやきっちりした革靴できれいにまとめて。上品さをプラスしてくれるアクセサリーやパールづかいで仕上げれば完璧です。

スニーカー

◇◇◇

ハズしのアイテムとしてスパイスづかいが基本。フェミニンボトムスにプラス！

このところシーズンごとにスニーカー人気が高まっています。オフの日だけでなく、通勤にもスニーカーで、という女性も増加中。そんなスニーカーを、センスよく仕上げるコツは、〝ハズしのアイテム〟として取り入れること。カジュアル＆スポーティな洋服コーディネート＋スニーカーで全身同じ方向性のテイストになってしまうと、おしゃれ感はなかなか出せません。スニーカーはあくまでも、上品ベーシックなコーディネートのスパイスとして活用しましょう。例えば、いつもはヒールを合わせているシンプルフェミニンなワンピースの足元をスニーカーにしたり、フレアースカートの足元をパンプスではなくスニーカーにしたり。〝スニーカーがちょっと苦手〟という人は、きれいめなレザースニーカーなど大人っぽいタイプを選んで。

スウェット

ルーズにならないサイズ感のものを選んで、きれいめアイテムとミックス

モード的なトレンドとしてもここ数年注目のスウェット素材のアイテム。特にスウェット・トップスは、ニットを着るような感覚で、簡単にトレンド・コーディネートができるおすすめアイテムです。いつものシンプル着こなしが、スポーツミックスなトレンドスタイルに仕上がります。ポイントは、丈や肩幅などが少しコンパクトなシルエットを選ぶこと。バランスよく決まります。色は、グレー、ネイビー、白が使いやすいでしょう。黒は平板に見えてしまうので着こなしにはくふうを。スウェットのボトムスはトップスより分量が多い分カジュアルに見えがちなので、きれいめにコーディネート。黒やネイビー、チャコールグレーなどダークカラーを選ぶと素材感が出すぎずきれいに見えます。足元はダメージデニム同様きれいにまとめること。

MAYA+
GINGER
STYLING
BOOK

Part.
9

時に小ワザ、時に手抜きの
私のコーディネート日記

スタイリストの
いつもスタイル
お見せします

ちょっと恥ずかしいけれど、私、スタイリスト為井真野の**毎日のコーディネートを披露**します。シンプルアイテムをベースにバランスや小物づかい、配色にくふうして日々コーディネートしています。もちろん、**手抜きな日もあります**が！（笑）基本的に**甘口よりも辛口系が好き**で、**テイストの違うものをミックス**するスタイリングや**小物合わせで味を出す**のが好き。そんなノリで、**カジュアルスタイルからきちんと系まで**楽しんでコーディネートしています。

スタイリスト為井真野の私服スナップ

ボリュームのあるニットはタイトスカートとショートブーツですっきりと。ニットはZARAで購入。ゆるめでボリューミィなえりでフェイスラインがすっきり見えます。

コンサバになってしまうシャツ+ひざ丈スカートは、シャツをストライプにしてニュアンスをつけます。ミリタリーJKと差し色バッグで遊びもプラスして動きを出して。

ラフなスタイルの日はMUJIのメンズシャツをゆるっと。すそを結んでアレンジしたりビッグシャツ感覚で愛用中。リラックスしながらも、きちんと感はキープ。

カジュアルなボーダー×デニムスタイルは白のロングカーデときゃしゃなパンプスですっきりと。ユニクロのボーダーはシルエットと開き具合がほどよく愛用しています。

Part 9

ロペピクニックのデニムコートは濃いめインディゴカラーをチョイスしてきれいめに。ニット+パンツを明るいカラーでまとめて縦ラインを強調したコーディネート。

ダークカラーのチェックワンピは白ロングカーデでコントラストを。ウエストマークしてシルエットもすっきりと。タイツの淡いグレーをはさんで、靴は引き締め色を。

ダークカラーのガウンコートはボリュームも出るのでインは白で抜け感を。シャツワンピ+白ベストのレイヤードで立体感もプラスしてます。えりとすその柄がスパイス。

シャツワンピをはおりにしてゆるニット&レギパンスタイル。MUJIのメンズニットはゆるさがほどよくて愛用してます。クラッチの赤を効かせてポイントに。

チャコールグレーのニットに白シャツをのぞかせてコーデにニュアンスを。まじめキュートなイメージで。暗めの基本色がメインなので、白クラッチもプラスして明るく。

ガーリーなボリュームスカートに辛口アイテムのライダーズジャケットを合わせてMIXコーデに。くっきりな格子柄で無地スカートよりシャープなイメージになります。

白シャツ+デニムの定番アイテムにはストールをプラスして大人っぽいニュアンスを。足元はパンプスでこちらもきれいめに。ロングカーディガンで全身をまとめます。

シンプルニット+ひざ丈スカートのベーシックなスタイルにハットとローファーのメンズアイテムをプラスしてMIXコーデに。小物もシルバーでまとめて甘さひかえめ。

MAYA+ GINGER STYLING BOOK

Part. 9

ボーダーカットソーに白シャツをレイヤードしてきちんと感をプラス。足元もスニーカーでカジュアルな印象なのでアクセはパールで上品に。ミックスしまくり(笑)。

ダークトーンのコーディネートには白のインナーをのぞかせて抜け感を。差し色バッグで明るさをプラス。ボーダーのロング丈スカートは無地より使えます。

スウェードワンピはZARAで購入。夏でも愛用しています。着こなしが難しいトレンドアイテムはまずはお手頃価格のものでトライするのがいいですよね。

黒ニット+レギパンは腰に巻いた白シャツで明るさプラス&体型カバー。パールネックレスで上半身にツヤ感&明るさをプラスして白シャツとつなげます。

ユニクロのライン入りパンツは脚をすっきり見せてくれるので愛用中。重くなりがちな黒パンツは首元にカーキのストールを合わせて色のバランスを。

ブラウス、肩掛けカーデ、アクセとフェミニンなアイテム満載なのでデニムを合わせてカジュアルダウン。甘めコーデの差し色はブルーとシルバーですっきりと。

ネイビーシャツに足元もネイビーでまとめて。MUJIのベーシックシャツは、白とともにネイビーも愛用中。フェミニンなフレアースカートに辛口小物のハットをミックス。

シンプルなニット+デニムのコーデにカラーパンプスをプラス。ストールの柄とパンプスの色をリンクさせて全身のバランスをきれいに。

MAYA+GINGER STYLING BOOK

Part 9

ベーシックなカジュアルコーデにボリュームのあるZARAのファースヌードで遊びをプラス。デニムもベージュ＆白の上品トップスで洗練イメージになります。

パーカ+スニーカーのスポーティアイテムにトレンチを重ねてきっちり感をプラス。ブルーグレーのトレンチはベーシックカラーに合わせやすく大活躍。

スウェットトップスにフレアースカートを。重くなりがちなアウターの開きからカラービジューネックレスをのぞかせて。バッグと色を合わせてポイントに。

秋らしい茶系コーディネート。アウターとファーストールでボリュームが出るのでボトムスはレギパンですっきりと。きれいなYラインを作ります。

オールブラックコーデにはカラートレンチで華やかさをプラス。これも縦ライン強調の配色。アウターを脱いだときには手に持っているストールでポイントをつけます。

夏に1枚で着ていた半袖ワンピにニットをオン。カシミアニットもワンピもユニクロでコーディネート。大ぶりなピアスで顔まわりを明るく。

すっきりまとめたコーディネートはカラースカートでインパクトを。パールピアスでツヤ感をプラス。タックインしたボーダーシャツで上半身をコンパクトに。

サテン&レースのドレッシーなワンピはスニーカーとキャンバストートでカジュアルダウン。インナーのオフ白ニットで明るさもプラス。

Part. 9

ボリュームのあるニットとファーストール
はタイトスカートでコンパクトにまとめて。
ベタッとしがちなニットにはラインストー
ンアクセでニュアンスをプラス。

ベーシックカラーのコーディネートにボー
ダー&ネイビーシャツで立体感を。肩には
おったアウターで雰囲気出し。配色しだ
いでベーシックカラーも華やかになります。

ミリタリージャケットにサテン&レースワ
ンピで女っぽさをプラスして。ダークカラ
ーのコーデに白パーカを差して重い印象
にならないように明るさをプラス。

とろみトレンチのボタンを留めてワンピ風
に。ロールカラーの白ブラウスを合わせて
えり開きの部分と袖口に明るさとポイント
をプラスしています。

information

おしゃれでリーズナブル!
スマホで読むファッション誌
「GINGER mirror」をチェック!!

無料で読めます!

楽天市場のトレンドファッションを使ったスマホマガジン「GINGER mirror」。スタイリスト為井真野さんが全コーディネートを監修しています! 雑誌のように流行の着こなしをチェック、欲しいアイテムがあれば24時間お買い物OK。時短&コスパでトレンドが手に入るお役立ちマガジン。10月26日より秋号がオンライン。

こちらからチェック!

http://r10.to/gingermirror

shopl list

※本書内でご紹介したアイテムには
販売時期を過ぎたアイテムも含まれますのでご了承ください。

アース ミュージック&エコロジー レッド ストア新宿
03・3349・5676

AquaGarage
⇒次ページで通販サイト紹介

atmos girls
⇒次ページで通販サイト紹介

アビステ
03・3401・7124 ⇒次ページで通販サイト紹介

アンデミュウ（アダストリアカスタマーサービス）
0120・601・162

and CUBE SUGAR
⇒次ページで通販サイト紹介

YEVS（遊心クリエイション）
06・6110・8193

イェッカ ヴェッカ 新宿
03・3349・5648

ViS（ジュンカスタマーサービス）
0120・298・133

ウォッシュ 二子玉川ライズ店
03・3708・5170

カリーノ（モード・エ・ジャコモ）
03・5464・1775

カルメンサラス（エッセイ ルミネ大宮店）
048・645・3280

KiraKira Shop
⇒次ページで通販サイト紹介

銀座ワシントン銀座本店
03・5442・6162

coca
⇒次ページで通販サイト紹介

kormarch
⇒次ページで通販サイト紹介

コラージュ
⇒次ページで通販サイト紹介

continental
⇒次ページで通販サイト紹介

ザ・スーツカンパニー（ザ・スーツカンパニー 新宿本店）
03・3226・3319

salus
⇒次ページで通販サイト紹介

ジージェイジー（モード・エ・ジャコモ）
03・5464・1775

GU
0120・856・453

ジャングル ジャングル
⇒次ページで通販サイト紹介

jewel
⇒次ページで通販サイト紹介

ショップにこにこ
⇒次ページで通販サイト紹介

スアドーナ
⇒次ページで通販サイト紹介

STANZA DOLCE
⇒次ページで通販サイト紹介

ディスティル（ブルー エ グリージオ
バイ ユニバーサルランゲージ たまプラーザ テラス店）
045・905・1861

NETSTAR
⇒次ページで通販サイト紹介

Happy急便
⇒次ページで通販サイト紹介

バルド ロゼ（レガロ）
03・5770・5253

Pierrot
⇒次ページで通販サイト紹介

ファウンテン ブルー バイ モード・エ・ジャコモ
03・5464・1775

ブリスポイント（アダストリアカスタマーサービス）
0120・601・162

ブルー エ グリージオ（ブルー エ グリージオ バイ
ユニバーサルランゲージ たまプラーザ テラス店）
045・905・1861

Myu
⇒次ページで通販サイト紹介

メダ（モード・エ・ジャコモ）
03・5464・1775

ユニクロ
0120・090・296

ユニバーサルランゲージ 渋谷店
03・3406・1515

RAZIEL
⇒次ページで通販サイト紹介

RANDA
⇒次ページで通販サイト紹介

REAL CUBE
⇒次ページで通販サイト紹介

Re:EDIT
⇒次ページで通販サイト紹介

リトルシック（ザ・スーツカンパニー 新宿本店）
03・3226・3319

ルシェル ドール（モード・エ・ジャコモ）
03・5464・1775

レガロ
03・5770・5253

ロペピクニック（ジュンカスタマーセンター）
0120・298・133

net shop list

楽天 ICHIBA

24時間
お買い物可能！

楽天市場での通販サイトをご紹介します!

コラージュ

シンプルでさりげなくかわいいアクセサリーが充実。バッグやチャーム、洋服も。

http://www.rakuten.co.jp/collage/

and CUBE SUGAR

着心地がよくきれいめのスウェット、シャツ、デニムなどが豊富。着回しに便利！

http://www.rakuten.ne.jp/gold/and-cubesugar/

continental

絶妙なこなれ感のデニムパンツをはじめとした大人カジュアルがそろう。

http://www.rakuten.ne.jp/gold/continental-web/

KiraKira Shop

ベーシックからトレンドまで、キラキラした大人の女性のためのシンプルフェミニン。

http://www.rakuten.ne.jp/gold/kira-kira/

AquaGarage

旬の大人カジュアルアイテムがバリエ豊富。かっこよくて女っぷりがアガる！

http://www.rakuten.ne.jp/gold/garageshop/

salus

各ファッション誌でもおなじみ。働くおしゃれ女子にぴったりのシューズや服に定評が。

http://www.rakuten.ne.jp/gold/salus/

coca

GINGER本誌でもおなじみの大人エフォートレスな上品カジュアルが見つかる。

http://www.rakuten.ne.jp/gold/cocacoca/

atmos girls

大人のシンプルコーディネートに効く、スポーティテイストの小物や服が使える！

http://www.rakuten.ne.jp/gold/atmos-girls/

ジャングル ジャングル

「GINGERmirror」でも大量紹介のシンプルモードブランド。オリジナルが素敵！

http://www.rakuten.ne.jp/gold/junglejungle/

kormarch

ガウチョやニットワンピ、フリンジ小物など流行をかわいく取り入れたアイテム。

http://www.rakuten.ne.jp/gold/kormarch/

アビステ

ファッション誌でもおなじみのアクセサリーブランド。定番からトレンドものまで。

http://www.rakuten.co.jp/abiste-r/

RAZIEL

リアルに着られるモード。センスのいいコーデと美しい写真が見ごたえあり。

http://www.rakuten.ne.jp/gold/raziiel/

NETSTAR

上品シンプルでさりげなくモテエッセンスが仕込まれた服。スタイリング提案も。

http://www.rakuten.ne.jp/gold/netstar/

jewel

いい女系といえば、このショップ。さりげなく上品に女っぽさを引き出す。

http://www.rakuten.co.jp/shop-jewel/

RANDA

はくだけでワクワクするデザインのシューズが充実！“かわいい”も“モード”も。

http://www.rakuten.ne.jp/gold/hitotai/

Happy急便

「こんなの欲しかった！」と思わせる気分にジャストなアイテムがぎっしりのサイト。

http://www.rakuten.co.jp/happyexp/

ショップにこにこ

超ヒットのスリッポンやパンプスを連発中。トレンドのフリンジバッグも素敵。

http://www.rakuten.ne.jp/gold/nikoniko2525/

REAL CUBE

大人のためのベーシックアイテムがそろう。着回しのベース服を探すならここで。

http://www.rakuten.ne.jp/gold/cube/g/index.htm

Pierrot

働く女性にぴったりのきれいめトレンドの宝庫。何でも揃うから、ついまとめ買い！

http://www.rakuten.ne.jp/gold/pierrot/

スアドーナ

イメージは「育ちのいいお嬢さんが着るかっこいいトレンドスタイル」。丁寧な作り。

http://www.rakuten.ne.jp/gold/rutia/

Re:EDIT

体の線をきれいに見せてくれるレギンス、ワイドパンツ、ロングカーデなどに注目！

http://www.rakuten.ne.jp/gold/galstar/

Myu

シンプルだけどディテールまで着る人をきれいに見せることにこだわる服作り。

http://www.rakuten.ne.jp/gold/myu-mie/

STANZA DOLCE

大人のためのラグジュアリーなコートやダウン、ドレス。インポートブランドも。

http://www.rakuten.ne.jp/gold/stanza-dolce/

※本書内でご紹介したアイテムには販売時期を過ぎたアイテムも含まれますのでご了承ください。

Staff

スタイリング
為井真野(kind)

撮影
坂田幸一
曽根将樹(PEACE MONKEY)
岡部太郎(SIGNO)

モデル
菜々緒
伊藤ニーナ

デザイン
mambo西岡、青木省吾、香山 大(ma-h gra)

編集協力
滝沢裕子、小宮由季、渡辺亜以、
本内恵理華、谷川原麻季、福原愛未

衣裳協力
エリン ローブ、グローバルワーク、
ダブルスタンダードクロージング、
ナノ・ユニバース、ブリスポイント、
ミラ オーウェン、レプシィムローリーズファーム、ロペ

DTP
エストール
校正
ぷれす

2015年10月20日　第1刷発行

著者　為井真野+GINGER編集部
発行者　見城徹
発行所　株式会社幻冬舎
〒151-0051
東京都渋谷区千駄ヶ谷4-9-7
03-5411-6269(編集)
03-5411-6222(営業)
振替　0120-8-767643
印刷・製本　大日本印刷株式会社

ISBN978-4-344-02845-6　C0095
幻冬舎ホームページアドレス
http://www.gentosha.co.jp/

本書に関するご意見・ご感想をメールでお寄せいただく場合は、
comment@gentosha.co.jp まで。

GENTOSHA

MAYA+
GINGER
STYLING
BOOK

センスのいい女は安い服をおしゃれに見せるワザを持っている

Profile

為井真野(ためい・まや)
スタイリスト

1979年 富山県富山市生まれ。幼小時から母の影響でファッションに興味を持ち、中学生の頃にはスタイリストを志す。大沼こずえ氏に師事後、2003年よりkind所属。女性ファッション誌やカタログなどを中心に活躍中。2015年4月創刊のスマホ・ファッション誌「GINGER mirror」のすべてのスタイリングを担当。山羊座A型。好きなアイテムはアンティーク小物。好きなスタイリングはミリタリーやヴィンテージライクなアイテムを使ったミックスコーデ。